LE LEVIER D'ARCHIMÈDE

OU

LA MÉCANIQUE CÉLESTE

ET

LE CÉLESTE MÉCANICIEN

PAR

Le R. P. Th. ORTOLAN, O. M. I.

DOCTEUR EN THÉOLOGIE ET EN DROIT CANONIQUE,
LAURÉAT DE L'INSTITUT CATHOLIQUE DE PARIS
MEMBRE DE L'ACADÉMIE DE SAINT RAYMOND DE PENNAFORT

DEUXIÈME VOLUME

PARIS

LIBRAIRIE BLOUD ET BARRAL

4, RUE MADAME ET RUE DE RENNES, 59

—

1899

SCIENCE ET RELIGION

Etudes pour le temps présent. — Prix 0 fr. 60 le vol.

— **Certitudes scientifiques et Certitudes philosophiques**, par l
R. P. DE LA BARRE, S. J., prof. à l'Institut catholique de Paris. 1 vo

— *Du même auteur* : **L'Ordre de la nature et le Miracle.** 1 vo

— **L'Ame de l'homme**, par J. GUIBERT, supérieur du séminaire de l'Institu
catholique de Paris. 1 vo

— **Faut-il une religion ?** par l'abbé GUYOT. 1 vol

— *Du même auteur* : **Pourquoi y a-t-il des hommes qui ne profes
sent aucune religion ?** 1 vol

— **Nécessité scientifique de l'existence de Dieu**, par P. COURBET 1 vo

— *Du même auteur* : **Jésus-Christ est Dieu.** 1 vol

    id.   **Convenance scientifique de l'Incarna-
tion.** 1 vo

— **Etudes sur la pluralité des mondes habités et le dogme d
l'Incarnation**, par le R. P. ORTOLAN.

I. — *L'Epanouissement de la vie organique à travers les plaines de l'infini.* 1 vo

II. — *Soleils et terres célestes.* 1 vo

III. — *Les Humanités astrales et l'Incarnation.* 1 vo

— *Du même auteur* : **La Fausse Science contemporaine et les Mys
tères d'Outre-tombe.** 1 vo

    id.   **Vie et Matière ou Matérialisme et Spiri-
tualisme en présence de la Cristallo-
génie.** 1 vo

    id.   **Matérialistes et Musiciens.** 1 vo

— **L'Au-delà ou la Vie future d'après la foi et la science**, p
l'abbé J. LAXENAIRE. 1 vo

— **Le Mystère de l'Eucharistie. — Aperçu scientifique**, par l'ab
CONSTANT. 1 vo

— *Du même auteur* : **Le Mal, sa nature, son origine, sa réparation.** 1 vo

— **L'Eglise catholique et les Protestants**, par G. ROMAIN. 1 vo

— *Du même auteur* : **L'Inquisition, son rôle religieux, politique et social.** 1 vo

— **Mahomet et son œuvre**, par I. L. GÖNDAL, professeur d'apologétiqu
et d'histoire au séminaire Saint-Sulpice. 1 vol

— *Du même auteur* : **L'Eglise Russe.** 1 vo

— **Christianisme et Bouddhisme** (*Etudes orientales*), par l'abbé THOMA
vicaire général de Verdun. 2 vo

— *Du même auteur* : **Dieu auteur de la vie.** 1 vo

    id.   **La Fin du monde d'après la Foi.** 1 vo

— **Où en est l'hypnotisme**, son histoire, sa nature et ses dangers, p
A. JEANNIARD DU DOT, auteur du *Spiritisme dévoilé.* 1 vo

— *Du même auteur* : **Où en est le Spiritisme.** 1 vo

    id.   **L'Hypnotisme et la science catholique.** 1 v

    id.   **L'Hypnotisme transcendant en face de
la philosophie chrétienne.** 1 v

— **L'Esprit et la Chair.** *Philosophie des macérations,* par Henri Lasserre, auteur de *Notre-Dame de Lourdes,* etc., etc.   1 vol.

— **Le Problème Apologétique,** par l'abbé C. Mano, docteur en philosophie.   1 vol.

— **Le Levier d'Archimède ou la Mécanique céleste et le Céleste Mécanicien,** par le R. P. Ortolan.   2 vol.

— **Ce que le Christianisme a fait pour la femme,** p. G. d'Azambuja. 1 vol.

— **L'Hypnotisme et la Stigmatisation,** par le Dr Imbert-Gourbeyre. 1 vol.

— **L'Éducation chrétienne de la Démocratie,** *essai d'apologétique sociale,* par Ch. Calippe.   1 vol.

— **La Religion catholique peut-elle être une science ?** par l'abbé G. Frémont.   1 vol.

— *Du même auteur :* **Que l'Orgueil de l'Esprit est le grand écueil de la Foi,** *Théodore Jouffroy, Lamennais, Ernest Renan.*   1 vol.

— **La Révélation devant la Raison,** par F. Verdier, supérieur de Grand Séminaire.   1 vol.

— **Confréries musulmanes.** — *Histoire — Discipline — Hiérarchie,* par le R. P. Petit.   1 vol.

— **Pratique de la Liberté de conscience dans nos Sociétés contemporaines,** par l'abbé Canet.   1 vol.

— **Comment peut finir l'Univers,** d'après la science, p. C. de Kirwan 1 vol.

— **Les Théories modernes de la Criminalité,** par le Dr Delassus 1 vol.

— **Faillite du Matérialisme,** par Pierre Courbet, 3 vol. *se vendant séparément :*

   I. — *Historique.*   1 vol.

   II. — *Discussion ; l'atome et le mouvement.*   1 vol.

   III. — *Discussion ; l'éther, le gaz, l'attraction. Conclusion.— Appendice.* 1 vol.

— **Le Globe terrestre,** par A. de Lapparent, Membre de l'Institut, professeur à l'École libre des Hautes Etudes. 3 vol. *se vendant séparément.*

   I. — *La Formation de l'écorce terrestre.*   1 vol.

   II. — *La nature des mouvements de l'écorce terrestre.*   1 vol.

   III. — *La Destinée de la terre ferme et la Durée des temps.*   1 vol.

— **De la Connaissance du Beau,** *sa définition, application de cette définition aux beautés de la nature,* par l'abbé Gaborit, archiprêtre de la Cathédrale de Nantes.   1 vol.

— **Le Diable dans l'Hypnotisme,** par le docteur Ch. Hélot.   1 vol.

— **De la Prospérité comparée des nations protestantes et des nations catholiques,** *au point de vue économique — moral — social,* par le R. P. Flamérion, S. J.   1 vol.

— **L'Art et la Morale,** par le P. Sertillanges, dominicain, docteur en théologie.   1 vol.

— **La Sorcellerie,** par I. Bertrand.   1 vol.

— **Qu'est-ce que l'Écriture sainte ?** *Les Livres inspirés dans l'antiquité chrétienne. Théorie de l'inspiration,* par le P. Th. Calmes.   1 vol.

Impr. des Orph.-Appr. d'Auteuil, D. Fontaine, 40, rue La Fontaine, Paris.

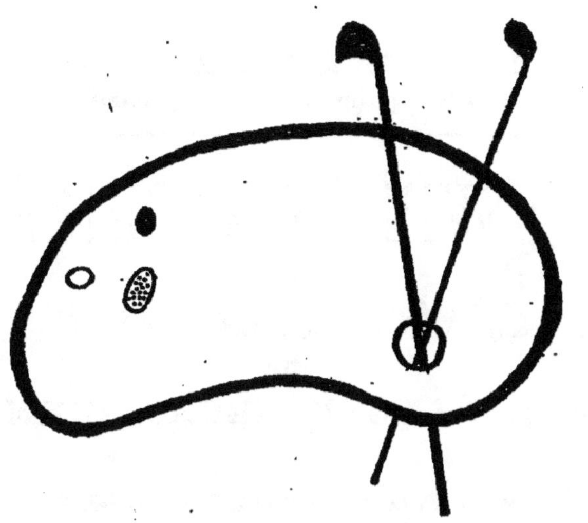

FIN D'UNE SERIE DE DOCUMENTS
EN COULEUR

SCIENCE ET RELIGION
Études pour le temps présent

LE LEVIER D'ARCHIMÈDE

OU

LA MÉCANIQUE CÉLESTE

ET

LE CÉLESTE MÉCANICIEN

PAR

Le R. P. Th. ORTOLAN, O. M. I.

DOCTEUR EN THÉOLOGIE ET EN DROIT CANONIQUE,
LAURÉAT DE L'INSTITUT CATHOLIQUE DE PARIS
MEMBRE DE L'ACADÉMIE DE SAINT RAYMOND DE PENNAFORT

DEUXIÈME VOLUME

PARIS

LIBRAIRIE BLOUD ET BARRAL

4, RUE MADAME ET RUE DE RENNES, 59

—

1899

CHAPITRE IV

I

Une séduisante erreur moderne réfutée, depuis deux mille ans, par Archimède.

Les pages précédentes (1) nous ont dépeint à grands traits quelques-unes des merveilles du ciel physique, incessant fourmillement d'astres, lancés avec une vitesse prodigieuse dans toutes les directions imaginables.

Devant ce sublime spectacle, le poète est ravi d'enthousiasme, le savant est fier de ses conquêtes, et le philosophe entrevoit de nouveaux horizons.

Cependant, de ce que l'Astronomie nous révèle notre imperceptible petitesse perdue dans l'incommensurable Univers, il ne s'ensuit pas, comme plusieurs de nos contemporains se sont plu à le dire et à l'enseigner, qu'elle nous manifeste, dans l'ensemble des Mondes qui nous écrasent de leur masse

(1) Voir le premier volume.

gigantesque, une étendue infinie ou une force illimitée.

L'Astronomie n'aboutit pas à diviniser la Nature. Au contraire, en nous convainquant de son immensité, elle nous fait toucher du doigt ses imperfections. Elle nous répète ainsi, avec une incomparable éloquence, le mot que saint Augustin avait déjà entendu : « Monte plus haut : les êtres créés, même quand leurs dimensions échappent à toute mesure humaine, ne sont pas ton Dieu. *Non sumus Deus tuus, quære super nos* (1). »

Entre les étoiles, il est vrai, sont creusés d'insondables abîmes, et s'ajoutent indéfiniment d'effrayantes distances qui déconcertent les calculs les plus audacieux, étonnent l'intelligence, épuisent l'imagination épouvantée. Pour mouvoir avec cette inconcevable rapidité ces astres si lourds, il faut une force qui dépasse toute conception, et que nous ne savons comment exprimer, même approximativement.

Mais est-ce une preuve que ces masses énormes, ces étendues infranchissables, ces forces prodigieuses soient infinies en réalité ? Parce que nous n'en voyons pas les limites, faut-il conclure que ces limites n'existent pas ?

Ce serait absolument illogique.

Pour réfuter ce sophisme, il suffirait de se rappeler comment, il y a plus de deux mille ans, Archimède se railla de ses contemporains qui croyaient

____

(1) *Confess.* Libr. X, cap. VI, n° 2.

infini le nombre des grains de sable dont la Terre se compose.

Quoiqu'elle ait changé son point de vue, l'erreur est encore identique : ce que l'on suppose maintenant infini, ce n'est pas le nombre des grains de sable constituant la Terre que nous foulons aux pieds ; c'est le nombre d'astres, c'est-à-dire d'atomes, suspendus sur nos têtes et nageant dans l'éther, comme les particules microscopiques tourbillonnent capricieusement, ce semble, dans un rayon de Soleil, dont s'illumine soudain cet air que nous respirons.

Au fond, c'est toujours la même chose, et les partisans du nombre infini sont tout aussi ridicules à notre époque, qu'il y a vingt siècles.

Les astres ne sont-ils pas des atomes dans le vaste Univers, et les grains de poussière ne sont-ils pas des mondes ?

Le nombre des grains de sable du globe terrestre ne montait pas, selon Archimède, à mille unités des nombres septièmes de son échelle numérique, basée sur la théorie même des logarithmes. Quant à celui des grains contenus dans la sphère qui se développait jusqu'aux étoiles fixes, il s'élevait à peine aux unités du soixante-quatrième terme de la série ordonnée des puissances (1).

Certes, ce n'était point là l'infini, car ce nombre était parfaitement caractérisé et limité.

Il n'en serait pas autrement de celui des atomes

____

(1) Voir le premier volume, page 30.

qui gravitent dans l'espace : il est assurément repré-
senté par un terme de la progression.

Pour avoir élargi ses données, le problème n'a pas
varié d'espèce.

L'infirmité native de notre vue, la faiblesse de nos
instruments d'optique et les imperfections inévitables
des Sciences d'observation, nous empêchent de fixer
nous-mêmes ce terme et d'en préciser le rang (détail
secondaire après tout) ; mais les Mathématiques,
plus puissantes, à cause de leur plus grande abs-
traction, nous apprennent, sans l'ombre d'un doute,
que ce terme existe : c'est simplement une affaire de
plus ou de moins.

II

Une plaisanterie de mathématiciens.

Citons, à ce propos, un curieux fragment de la
correspondance échangée entre Leibniz, fondateur
de l'Analyse infinitésimale, et Jean Bernoulli, qui
fut l'un des premiers géomètres à comprendre l'immense portée de la révolution opérée, dans le
domaine des Sciences exactes, par la merveilleuse
invention de cette puissante méthode de Calcul. C'est
lui qui proposa aux érudits de son temps les problè-
mes ardus des courbes brachystochrones, synchro-
nes, etc., et en résolut un grand nombre d'autres,
non moins difficiles, qu'on lui avait proposés.

.Nous verrons, par là, comment s'amusent, parfois,
les hommes de génie.

Un jour, Bernoulli écrivit à Leibniz : « Dussiez-vous rire de moi, je vous dirai, néanmoins, que je crois possible dans la Nature, l'existence d'animaux aussi supérieurs par leur grandeur à nous et aux animaux ordinaires, que nous et nos animaux ordinaires sommes supérieurs aux animalcules microscopiques vivant dans une goutte d'eau. Ils nous observeraient dans notre Monde avec leurs microscopes, comme nous observons cette multitude innombrable d'animalcules avec nos instruments.

« Bien plus, je ne vois aucune répugnance à l'existence d'autres animaux incomparablement plus grands encore. Au-dessus de ceux-ci, je puis, en outre, poser autant de catégories que j'en ai trouvé au-dessous.

« Pourquoi donc, nous et la faune terrestre, formerions-nous le degré le plus élevé des êtres matériels ? Supposons, un instant, nos animalcules doués d'une âme intelligente et capables de raisonner ; ne seraient-ils pas en droit, eux aussi, quoique bien plus petits que nous, de se flatter que la goutte d'eau dans laquelle ils naissent, vivent et meurent, constitue tout l'Univers ?

« Prenons un exemple. Dans un minuscule grain de poivre, le microscope nous découvre des millions d'animalcules, comme le témoigne Antoine Leuwenhœck (1), et comme je m'en suis assuré de mes pro-

____

(1) Né en Hollande en 1632, et mort en 1723, cet ingénieux et infatigable observateur contribua, pour une grande part, à la connaissance du monde microscopique. Il aperçut, le premier, les

pres yeux. Maintenant, faisons, par la pensée, ce grain de poivre aussi grand que notre Terre : ses rugosités deviendront des montagnes ; ses dépressions seront des vallées ou des abîmes. Sur les pentes couleront des ruisseaux, des rivières et des fleuves ; il y aura aussi des étangs et des lacs, ou même des océans. Imaginons ensuite, à des distances proportionnelles, d'autres grains obscurs ou lumineux, pour simuler les planètes avec leurs satellites, les étoiles et le Soleil.

« Dites-moi, les habitants de ce grain de poivre, ou *pipéricoles*, apercevant tous les objets sous le même angle de vision que nous les voyons nous-mêmes, et, par conséquent, leur attribuant la même grandeur, ne seraient-ils pas amenés à conclure que, hors de leur grain, il n'existe rien, comme nous sommes portés à penser aussi que notre Monde renferme tout ?

« Je vous le demande, en effet, par quel motif, ou par quelle expérience, se persuaderaient-ils du contraire ? Comment ces pauvres petits êtres pourraient-ils savoir qu'il existe un autre Monde, énormément plus étendu que le leur, avec des habitants incomparablement plus grands aussi ?

« Or, si ces *pipéricoles* sont incapables de savoir

globules rouges du sang que l'on croyait, avant lui, un liquide homogène. Il en suivit du regard la circulation, même dans les vaisseaux capillaires. Il découvrit aussi les infusoires et en décrivit plusieurs espèces : monades, kolpodes, etc. Il est le père de la *micrographie*, comme Pasteur est le père de la *microbiologie*.

cela, qui donc, parmi nous, est en état de prouver que tout notre Monde visible, par rapport à un autre incomparablement plus vaste, n'est pas une simple réunion de quelques petits grains (1) ? »

A une lettre aussi bizarre, bien des gens auraient sans doute répondu par un éclat de rire, ou un haussement d'épaules. Ils n'auraient pas daigné demander à Bernoulli, le profond géomètre, pourquoi, si bien doué pour les spéculations mathématiques, il perdait son temps à rêver à de pareilles chimères. Convient-il à un homme de Science de se laisser emporter ainsi sur les ailes d'une imagination dévergondée, et de se faire à ce point le jouet de la folle du logis ? Il y a des bornes à tout, *modus est in rebus* ; de telles futilités méritent-elles d'arrêter, une minute, l'esprit d'un homme de bon sens ?

Le grand Leibniz ne fut pas de cet avis. Le sublime inventeur du Calcul différentiel, habitué à la contemplation des séries illimitées, prit la chose au sérieux.

Il répondit à son ami Jean : « Je ne crois pas, moi non plus, impossible l'existence dans l'Univers d'animaux aussi supérieurs aux nôtres par leurs dimensions, que les nôtres le sont aux animalcules découverts à l'aide du microscope, car la Nature ne connaît point de barrières. Réciproquement, il peut, et même il doit se faire qu'il y ait, dans les petits grains de sable et dans les moindres atomes, des

____

(1) *Commercium Philosophicum Epistolarum Joannis Bernoullii et G. Leibnizii,* Lausanne, 1745, Tom. I, p. 410.

Mondes dignes de rivaliser avec le nôtre en beauté et en variété (1). »

Les progrès ultérieurs de la Science ont confirmé les prévisions de Leibniz pour la seconde partie de ses conjectures. Une goutte d'eau, un grain de sable, un atome de poussière suspendu dans l'air transparent, sont de magnifiques Univers.

Le Monde microscopique plonge vraiment dans la stupéfaction ceux qui prennent la peine d'en visiter quelques provinces.

Ces voyages dans ces parages, si longtemps inexplorés, de la Création, ne sont ni longs, ni dispendieux, ni fatigants, ni difficiles. On y contemple, avec un étonnement inexprimable, une faune et une flore qui ne le cèdent en rien, pour la profusion des espèces et pour la multitude des sujets, à la faune et à la flore visibles à l'œil nu.

Une patte de mouche, une aile de papillon, un insecte imperceptible sont des merveilles que l'esprit humain ne saurait jamais assez admirer. Il y a là des prodiges de structure et d'organisation aptes à exercer, pendant des siècles, la sagacité des savants, et suffisants pour occuper les interminables loisirs de plusieurs générations d'observateurs.

En cela donc, Leibniz avait deviné juste. En est-il ainsi pour la première partie de l'hypothèse ?

« Sachez, lui écrivait Bernoulli, dans une lettre suivante, sachez que je ne m'exprime pas en métaphore, quand je parle d'animaux qui seraient en grandeur, par rapport aux nôtres, ce que les nôtres sont par rapport aux infusoires. Mais je prends la chose à la lettre : j'entends de véritables animaux avec un corps et des membres semblables aux nôtres, ou avec quelque chose d'équivalent à la place. Parmi ceux-là, quelques-uns auraient l'intelligence et l'usage de la raison : en un mot, ce seraient des hommes au sens philosophique du mot. Sur ce point seriez-vous encore de mon sentiment ? »

Et Leibniz répondit : « C'était bien là aussi ma pensée : je ne vois aucune impossibilité à l'existence de ces animaux incomparablement plus grands que les nôtres. J'ai même dit parfois, par manière de plaisanterie, qu'il y a peut-être, quelque part, un Monde semblable à celui-ci, et servant de montre de poche à quelque énorme géant (1). »

III

Ce que ne sait pas la Science, et ce qu'elle sait au sujet de la structure et de l'étendue de l'Univers.

Pour la solution du problème posé devant l'intelligence humaine par les immensités sidérales, cette singulière hypothèse, malgré sa bizarrerie, pourrait-elle être de quelque utilité ?

La théorie de l'attraction newtonnienne, comme

(1) *Op. et loc. cit.*

on le sait, s'applique, en toute rigueur, à notre système solaire. Elle rend compte, avec une précision
admirable, des moindres variations survenant dans la
marche des planètes. Elle nous sert à prévoir, longtemps à l'avance, les perturbations produites par
l'influence réciproque des unes sur les autres, et ces
prévisions ne nous trompent jamais.

Cependant, on n'est pas aussi certain que les lois
de la gravitation, telles que Newton les a formulées,
régissent également les systèmes stellaires. Ne
subissent-elles pas, dans ces profondeurs inaccessibles, des modifications dont nous n'avons nulle idée,
car elles sont absolument en dehors des limites de
nos expériences et de nos observations ?

Quelle différence, en effet, entre le système solaire
auquel notre Terre appartient, et l'Univers sidéral !
Ici, toutes les planètes circulent dans un sens identique et à peu près dans le même plan ; manifestement
elles font partie de la même famille ; on distingue
entre elles un ordre, une hiérarchie, une subordi-
nation.

Dans les abîmes de l'espace, il n'en est plus ainsi.
C'est un hiéroglyphe indéchiffrable, une irrégulière
agglomération, un inextricable fouillis de courbes et
d'enchevêtrements de toute espèce.

Les étoiles sont lancées, avec une vitesse très
diverse, dans tous les sens possibles et dans tous les
plans imaginables. Elles courent, elles volent, elles
dévorent de prodigieuses distances, sans s'émouvoir,

en apparence, de la présence de leurs voisines, ou de leurs sœurs.

Plusieurs que les hasards de la perspective rapprochent accidentellement, et que les illusions d'optique nous avaient fait supposer liées entre elles par des rapports réciproques, ont été ensuite reconnues indépendantes les unes des autres.

Ces astres, qui semblaient unis indissolublement dans une communauté de vie, s'ignorent mutuellement. Ils sont aussi éloignés l'un de l'autre, qu'ils le sont de nous, car des trillions de lieues les séparent.

Quel est donc le but de ce tournoiement des Mondes qui, dans leurs évolutions rapides, enlacent leurs courbes lumineuses, comme les feux d'artifice d'une féerique illumination ?

Si, dans les œuvres des poètes d'ici-bas « un beau désordre est un effet de l'art », pourrait-on véritablement affirmer qu'il en soit autrement dans l'œuvre du Poète par excellence, du sublime $\pi o\iota\eta\tau o\tilde{u}$ $\dot{o}\upsilon\rho\alpha\nu o\tilde{u}$ $\varkappa\alpha\grave{\iota}$ $\gamma\tilde{\eta}\varsigma$, du divin Créateur des Mondes ?

Sur notre petit globe, les merveilles sont jetées à profusion : on en trouve une infinité dans tous les règnes de la Nature terrestre : minéraux, plantes, corps organisés, etc., etc., et dans le ciel, il n'y aurait que désordre ?... Ce n'est pas admissible.

L'Univers stellaire, malgré les irrégularités inexplicables que notre œil y découvre, s'épanouit certainement dans un ordre très parfait. Seulement cette harmonie est, pour nous, d'un degré trop supérieur : sa beauté nous échappe, car notre intelligence n'a pu encore en embrasser les lignes d'ensemble, comme elle en a saisi quelques minimes détails.

Celui qui ne saurait point lire, pourrait-il, en parcourant du regard un livre composé par un homme de génie, en apprécier la valeur ? Ne se sentirait-il pas porté à le critiquer ? Ne trouverait-il pas inacceptable cette distribution irrégulière des lettres grandes et petites, majuscules ou autres ? N'éprouverait-il pas la velléité de modifier ces coupures en apparence capricieuses des lignes, des paragraphes et des alinéas ? Un amour instinctif de l'ordre le pousserait, peut-être, à préférer une répartition plus judicieuse, selon lui ; et il réunirait ensemble tous les caractères de même forme, à peu près comme ils le sont dans les casses d'un imprimeur.

Mais, qui ne le voit ? Cette recherche enfantine d'un ordre élémentaire, détruirait l'ordre supérieur réalisé dans ce livre par l'auteur, dont le but était bien différent et incomparablement plus élevé.

Cela dit, examinons un être organisé, plante ou animal. Quelle diversité de parties ! Comme chacune d'elles, prise séparément, est de forme bizarre ! le cerveau, le foie, la rate, les poumons, etc., traversés par une multitude de veines, d'artères, de nerfs, et noyés dans une masse de muscles et de fibres de toutes sortes ! Et tout cela est pressé, entassé, accumulé dans un espace relativement restreint.

Quel fouillis !...comment suivre, à travers les couches profondes, les nerfs, ou les vaisseaux qui vont se ramifiant à l'infini ? Et cependant tout est bien à sa place : chaque détail est merveilleux et l'ensemble est parfait.

Chaque unité partielle obéit à des lois spéciales et agit selon sa propre formule ; mais elle est, néanmoins, soumise à une activité supérieure. Celle-ci imprime à toute la machine le mouvement général en vue d'un but suprême à atteindre. Ainsi, en poursuivant sa fin particulière, chaque organe concourt à réaliser le plan pour lequel la machine est construite.

Pour connaître le corps humain, il ne suffirait donc pas d'examiner, même au microscope, un fragment du tissu osseux, nerveux ou musculaire ; il ne suffirait pas, non plus, de découvrir la composition chimique de quelqu'une des substances organiques si nombreuses et si variées qui entrent dans sa composition élémentaire : albumine, fibrine, caséine, globuline, pepsine, hématine, gélatine, glycérine, etc., etc.

De même, pour pénétrer les secrets du ciel physique, il ne suffit pas d'avoir réduit en formules exactes les lois régissant les planètes de notre système dans leurs révolutions périodiques.

Aurions-nous découvert que ces lois s'appliquent également, avec la même rigueur, à quelques étoiles voisines de notre Soleil, nous ne serions guère plus avancés. Nous serions parvenus à surprendre les secrets d'une constellation ; mais nous ne pourrions pas conclure que toutes se ressemblent.

Les constellations sidérales jouent, peut-être, dans

le vaste corps de l'Univers, un rôle analogue à celui des molécules atomiques dans les corps organisés. Combien ne se tromperait-on pas, si, après l'analyse la plus complète d'un de ses principes immédiats, on s'imaginait qu'il y a, dans un animal, seulement des os, ou des nerfs, ou des muscles, ou de l'albumine, etc. ?

La Science humaine en sera donc réduite, longtemps encore, à se demander pourquoi les étoiles sont disséminées d'une façon si irrégulière dans l'immensité. En quoi consiste l'ordre, ou l'harmonie, dans ce désordre apparent ? Pourquoi ici ces amas stellaires, ces nébuleuses irréductibles, et, plus loin, ces trous noirs ?

Mais si, sur ces hautes questions, la Science doit, longtemps encore, confesser sa profonde ignorance, il est cependant une chose qu'elle sait parfaitement : c'est que ces astres, quels que soient leur ordre de groupement et le but de leur course vagabonde, ne sont pas en nombre infini.

Rapportons-nous à l'amusant badinage de Leibniz et de Bernoulli. Pas plus que ces éminents géomètres, nous ne voulons voir là une réalité ; mais, après tout, l'hypothèse n'est pas absurde.

Dans le corps d'un animal de petite taille, les atomes se comptent par milliards de milliards ; ils sont incomparablement plus nombreux que les astres du ciel. En supposant ceux-ci un million de fois plus nombreux encore, et en les considérant comme les molécules constitutives d'un être organisé, nous aurions assurément un animal gigantesque, mais, néanmoins, strictement déterminé.

Il ne serait donc pas infini, malgré ses proportions immenses. Le nombre de ses molécules ne le serait pas davantage ; par suite, le nombre des astres ne l'est pas.

Les amusements des géomètres ne sont pas toujours du temps perdu. Ils servent, parfois, à découvrir de curieuses ou d'importantes vérités.

Les calculateurs, en certaines occurrences, ont plus d'élan que les poètes. Les Mathématiques supérieures, en habituant l'esprit de l'homme à scruter l'infini, fortifient singulièrement sa puissance. L'intelligence, familiarisée avec ces hautes spéculations, reste calme et froide en face des abîmes insondables, tandis que l'imagination, stupéfaite et troublée, est prise de vertige, et se laisse choir lourdement dans les ténèbres de l'erreur.

Le mathématicien sait parfaitement qu'il existe une foule de séries, dont le nombre des termes est réellement illimité, et dont la somme est cependant finie (1) ; aussi n'est-il jamais séduit par ce qu'on pourrait appeler la magie des grands nombres.

Au contraire, le rêveur, l'homme d'imagination, le poète, est fasciné plus facilement par ce miroite-

______

(1) Un des plus anciens ouvrages sur ce sujet, est précisément celui de Jacques Bernoulli, frère aîné de Jean : *De seriebus infinitis earumque summâ finitâ*. Ce Traité, composé de cinq parties publiées à diverses époques, se trouve dans l'édition de ses œuvres complètes : *Jacobi Bernoullii Basileensis opera*. Genève, 1744. Deux volumes in-4°.

ment des grandeurs. Il confond le fini et l'Infini, la créature et le Créateur, l'armée des étoiles et la Divinité.

Il élève des autels à la Nature, il lui prodigue son encens ; et cela, au nom de la Science qui proteste, et dont il se constitue l'écho incomplet et surtout infidèle.

IV

Enthousiasme délirant d'un poète éperdu.

Surprenons-le dans son extase, et prêtons l'oreille à ses accents. Il adore son idole et chante un hymne en son honneur. Son exorde est emprunté aux données de la Science ; puis, l'imagination prend son vol, et tombe ensuite dans un sacrilège pathos.

« Nous sommes, s'écrie-t-il, sur la Terre, globe flottant, roulant, tourbillonnant ; mais nous sommes si petits sur ce globe, et si éloignés du reste du Monde !... Cependant la nuit répand ses voiles, et les étoiles s'allument au fond des cieux ! Partons, élançons-nous. »

Il part donc en pèlerinage à travers les régions uraniques. Comme pour atteindre notre plus proche voisin, Mars, il faudrait plus de mille ans à un train express, faisant un kilomètre à la minute, et près de quarante ans à un boulet de canon, animé d'une vitesse de 500 mètres à la seconde, notre voyageur choisit un courrier plus rapide : c'est le rayon de lumière, dont la vitesse, par seconde, est de 300.000 kilomètres.

Enfourchant ce nouveau Pégase, et bondissant dans l'espace, il arrive à la planète Mars, en trois minutes ; bientôt il effleure le colossal Jupiter ; puis, Saturne et ses huit satellites ; quatre heures lui suffisent pour parvenir jusqu'à Neptune, à onze cents millions de lieues loin du Soleil.

Maintenant, il devra voler pendant plusieurs jours à travers les aphélies cométaires ; puis, pendant plusieurs semaines et plusieurs mois, il continuera sa course échevelée à travers les vastes solitudes dont la famille solaire est environnée de toutes parts ; il n'y rencontrera que les pâles comètes errant d'un système à l'autre ; les étoiles filantes ; les météorites, débris de Mondes en ruines, rayés du livre de vie.

Volant, volant toujours, pendant trois ans et six mois, il atteint, seulement alors, le Soleil le plus proche. Il le voit grandir, peu à peu, et bientôt remplir, à ses yeux, le ciel entier. Cette fournaise ardente verse autour d'elle, dans l'espace, beaucoup plus de lumière et de chaleur que notre propre Soleil. C'est l'étoile α du Centaure, située à huit trillions, ou huit mille milliards de lieues de notre séjour terrestre.

Pour franchir cette prodigieuse distance, il aurait fallu à un train express une course non interrompue de soixante millions d'années. Un boulet de canon y aurait employé deux millions d'années, soit 20.000 siècles. C'est là notre étoile la plus voisine !...

Mais le temps est trop précieux pour le dissiper en réflexions inutiles. Toujours à cheval sur le rayon de lumière, coursier infatigable, malgré sa course

vertigineuse de 300.000 kilomètres à la seconde,
notre pèlerin astronomique poursuit son voyage
pendant dix ans, cent ans, mille ans, sans arrêt ni
trêve. Il côtoie, [en leur jetant au passage un coup
d'œil furtif, de multiples systèmes stellaires, avec
leurs innombrables familles de planètes...

Pendant mille autres années, il continue en ligne
droite ce fantastique voyage. Il les occupe à traverser
tous ces amas de Soleils, ces Univers, ces nébuleuses
qui flamboient au loin, cette voie lactée qui se déchire
en lambeaux, ces tourbillons d'étoiles qui pleuvent
devant lui « larmes de feu tombant dans l'abîme
éternel !... »

« Encore mille ans, encore dix mille ans, encore
cent mille ans de cet essor, sans ralentissement, sans
vertige, toujours en ligne droite, avec la même vitesse
de 75.000 lieues par chaque seconde... Concevons que
nous voguions ainsi pendant un million d'années...

« Sommes-nous aux confins de l'Univers visible ?
Voici des immensités noires qu'il faut franchir...
Mais, là-bas, de nouvelles étoiles s'allument, au fond
des cieux. Élançons-nous vers elles ; atteignons-les.
Nouveau million d'années : nouvelles révélations,
nouvelles splendeurs étoilées ! nouveaux Univers,
nouvelles humanités !

« Eh quoi ! *jamais de fin ?* jamais d'horizon fermé ?
jamais de voûte ? jamais de ciel qui nous arrête ?
toujours l'espace ! toujours le vide ! Où donc sommes-
nous ? quel chemin avons-nous parcouru ?... »

« Nous sommes *au vestibule de l'infini !...* nous

n'avons pas avancé d'un seul pas ? nous sommes toujours au même point. *Le centre est partout, et la circonférence nulle part...* Oui, voilà, ouvert devant nous, l'infini dont l'étude n'est pas commencée... Nous n'avons rien vu, nous reculons d'épouvante, nous tombons anéantis, incapables de poursuivre une carrière inutile...

« Eh ! nous pouvons tomber, tomber en ligne droite, dans l'abîme béant, tomber toujours, pendant *l'éternité entière* : jamais, jamais nous n'atteindrons le fond, pas plus que nous n'avons atteint la cime : que dis-je ? jamais nous n'en approcherons ! Le nadir devient zénith. Ni orient, ni occident ; ni haut, ni bas ; ni gauche, ni droite. *En quelque direction que nous considérions l'Univers, il est* INFINI *dans tous les sens.*

« Dans cet infini, les associations de Soleils et de Mondes qui constituent notre Univers visible, ne forment qu'une île du grand archipel ; et, dans l'éternité de la durée, la vie de notre humanité, si fière avec toutes ses histoires religieuses et politiques, la vie de notre planète tout entière n'est que le songe d'un instant.

« Oui, les astres se succèdent par milliards dans toutes les directions de l'espace, jusqu'aux limites toujours fuyantes et éternellement inaccessibles du vide incommensurable... Étoiles, Soleils de l'éternité, sans nombre et sans âge ! lorsque l'une d'entre elles s'éteint, dix autres nouvelles sont allumées. Leur lumière est inextinguible : toujours elles ont brillé, et toujours elles brilleront dans l'infini...

« Salut, ô divine Nature, mère éternellement jeune, douce compagne de nos joies, confidente intime de nos cœurs ! tu es partout la même : ta beauté illumine l'Univers, et nous aimons à laisser reposer sur ton sein l'essor palpitant de nos pensées (1) ! »

V

En quel sens le centre est partout, et la circonférence nulle part.

Voilà de belles phrases ; il y a là un peu de poésie et beaucoup d'imagination. Y a-t-il autant de logique ?...

Un autre, avant ce rêveur, avait prononcé les mots fameux : « *Le centre est partout et la circonférence nulle part.* » C'était un homme de génie, subtil géomètre, profond mathématicien, penseur sublime et croyant convaincu : c'était Pascal.

En parlant de l'Univers, il avait dit, lui aussi : « Si notre vue s'arrête là, que l'imagination passe outre. Elle se lassera plutôt de concevoir, que la Nature de fournir. Tout ce que nous voyons du Monde, n'est qu'un trait imperceptible dans l'ample sein de la Nature. Nulle idée n'approche de l'étendue de ses espaces. Nous avons beau enfler nos conceptions, nous n'enfantons que des atomes au prix de la réalité des choses... »

Néanmoins, il s'empressait d'ajouter aussitôt cette judicieuse remarque : « Mais c'est un des plus grands

(1) *Astronomie populaire.* Livre VI, Chapitre X.

caractères sensibles de la toute-puissance de Dieu, que notre imagination se perde dans cette pensée (1). »

Son esprit droit n'aurait jamais, en effet, commis la grossière erreur dans laquelle tombent ceux qui confondent l'incommensurable avec l'infini. Après avoir rappelé que *le mouvement, le nombre et l'espace* « comprennent tout l'Univers, selon ces paroles : « *Deus fecit omnia in pondere, in numero et mensura* », il s'attache à prouver que ces trois choses ont une liaison réciproque et nécessaire, soit entre elles, soit avec le temps. Il montre aussi que l'étude de leurs propriétés communes ouvre l'esprit aux plus grandes merveilles de la Nature.

« Quelque prompt que soit un mouvement, dit-il, on peut en concevoir un qui le soit davantage, et hâter encore ce dernier, et ainsi indéfiniment, sans jamais arriver à l'un qui le soit de telle sorte qu'on ne puisse plus y ajouter. Au contraire, quelque lent que soit un mouvement, on peut le retarder davantage, et encore ce dernier, et ainsi de suite indéfiniment, sans jamais arriver à un tel degré de lenteur, qu'on ne puisse encore en descendre à une infinité d'autres, sans tomber dans le repos.

« De même, quelque grand que soit un nombre, on peut en concevoir un plus grand, et encore un qui surpasse ce dernier, et ainsi de suite, sans jamais arriver à un qui ne puisse plus être augmenté. Au contraire, quelque petit que soit un nombre, comme la centième ou la dix-millième partie, on peut en

(1) *Pensées.* 1re Partie, Chapitre IV.

concevoir un moindre, et toujours ainsi, sans arriver au zéro ou au néant.

« Quelque grand que soit un espace, on peut en concevoir un plus grand, et encore un qui le soit davantage, et ainsi indéfiniment, sans jamais arriver à un qui ne puisse plus être augmenté. Au contraire, quelque petit que soit un espace, on peut encore en considérer un moindre, et toujours ainsi indéfiniment, sans jamais arriver à un indivisible qui n'ait plus aucune étendue.

« Il en est de même du temps. On peut toujours en concevoir un plus grand sans dernier, et un moindre, sans arriver à un instant et à un pur néant de durée.

« C'est-à-dire, en un mot, que *quelque mouvement, quelque nombre, quelque espace, quelque temps que ce soit, il y en a toujours un plus grand et un moindre ; de sorte qu'ils se soutiennent tous entre le néant et l'infini, étant toujours infiniment éloignés de ces extrêmes.*

« Toutes ces vérités sont les bases et les principes de la Géométrie (1). »

Ainsi le centre est partout et la circonférence nulle part, parce que tout être est infiniment éloigné de l'infini et du néant.

L'éminent penseur observe ensuite que ces propositions fondamentales ne sont pas susceptibles d'une démonstration proprement dite ; car, selon lui, elles s'imposent à l'esprit, et on ne peut raisonnablement

(1) Pascal. *Réflexions sur la Géométrie en général.*

les mettre en doute. « Comme la cause qui les rend
incapables de démonstration n'est pas leur obscurité,
mais au contraire leur extrême évidence, ce manque
de preuve n'est pas un défaut, mais plutôt une per-
fection;.... leur extrême clarté naturelle convainc
la raison plus puissamment que ne ferait le discours.

« Car qu'y a-t-il de plus évident que cette vérité,
qu'un nombre, tel qu'il soit, peut être augmenté ;
qu'on peut le doubler ; que la promptitude d'un mouvement peut être doublée, et qu'un espace peut être
doublé de même ? Et qui peut aussi douter qu'un
nombre, tel qu'il soit, ne puisse être divisé par la moitié, et sa moitié encore par la moitié ? Car cette moitié
serait-elle un néant ? Et comment ces deux moitiés,
qui seraient deux zéros, feraient-elles un nombre ?

« De même, un mouvement, quelque lent qu'il soit,
ne peut-il pas être ralenti de moitié, en sorte qu'il par-
coure le même espace dans le double de temps, et ce
dernier mouvement encore ? Car serait-ce un pur repos ?
Et comment se pourrait-il que ces deux moitiés de vitesse, qui seraient deux repos, fissent la première vitesse ?

« Enfin, un espace, quelque petit qu'il soit, ne
peut-il pas être divisé en deux, et ces moitiés encore ?
Et comment pourrait-il se faire que ces moitiés fus-
sent indivisibles sans aucune étendue, elles qui,
jointes ensemble, ont fait la première étendue ?

« *Il n'y a point de connaissance naturelle dans
l'homme qui précède celles-là, et qui les surpasse
en clarté* (1). »

(1) *Op. cit.*

Par des considérations analogues, Pascal démontre que les « indivisibles ne sont pas du même genre que l'étendue. »

« Les grandeurs, dit-il, sont considérées comme étant du même genre, lorsque l'une, étant plusieurs fois multipliée, peut arriver à surpasser l'autre. L'unité, par exemple, quoiqu'elle ne soit pas mise ordinairement au rang des nombres, est du même genre qu'eux, car, multipliée plusieurs fois, elle peut surpasser un nombre quelconque.

« Il n'en est pas de même d'un indivisible à l'égard d'une étendue, car, après avoir subi autant de multiplications qu'on voudra, non seulement il ne réussit pas à surpasser une étendue, mais il ne forme jamais qu'un seul et même indivisible. »

Pour ce motif aussi, « le zéro n'est pas du même genre que les nombres, parce qu'étant multiplié, il ne peut les surpasser. De sorte que *le zéro est un véritable indivisible de nombre, comme l'indivisible est un véritable zéro d'étendue.* On trouvera un pareil rapport entre le repos et le mouvement, entre un instant et le temps. Toutes ces choses sont *hétérogènes à leurs grandeurs,* parce qu'étant infiniment multipliées, elles ne peuvent jamais former que des indivisibles, non plus que les indivisibles d'étendue, et par la même raison. Et alors on verra une correspondance parfaite entre ces choses ; car *toutes ces grandeurs sont divisibles à l'infini, sans tomber dans leurs indivisibles ; de sorte qu'elles tiennent toutes le milieu entre l'infini et le néant.* »

Étant au milieu, elles sont au centre, et ce centre est partout où il y a un être fini. Mais la circonférence n'est nulle part. Où est le néant, en effet ? et où est l'infini ? Le néant n'est nulle part, car il n'existe pas. Quant à l'infini, il existe ; mais il n'est pas circonscrit dans un lieu physique. Quoique pénétrant tout de sa présence, il est en dehors de tout lieu.

« Voilà l'admirable rapport que la Nature a mis entre ces choses, et les deux merveilleuses infinités qu'elle a proposées aux hommes, non pas à concevoir, mais à admirer ; et, pour en finir la considération par une dernière remarque, j'ajouterai que ces deux infinis, quoique infiniment différents, sont néanmoins relatifs l'un à l'autre, de telle sorte que la connaissance de l'un mène nécessairement à la connaissance de l'autre. »

Pascal le prouve, car, de ce qu'on peut toujours multiplier un nombre, il s'ensuit nécessairement qu'on peut toujours le diviser de la même façon, et réciproquement.

Ainsi tout ce qui est multipliable n'est pas infiniment petit, au sens strict du mot ; et tout ce qui est divisible n'est pas infiniment grand.

Or, l'Univers, quelque incommensurables que soient pour nous ses dimensions, est certainement divisible, on n'en saurait douter : donc, il n'est pas infini en étendue ou en nombre.

A ce propos, Pascal fait une remarque, qui, pour être absolument juste, ne manque pas, néanmoins, d'une pointe de malice : « Ceux qui ne seront pas satisfaits de ces raisons, ajoute-t-il, ne peuvent rien

prétendre aux démonstrations géométriques ; et, quoiqu'ils puissent être éclairés en d'autres choses, ils le
seront fort peu en celle-ci. Car on peut aisément être
très habile homme et mauvais géomètre.

« Mais ceux qui verront clairement ces vérités,
pourront admirer la grandeur et la puissance de la
Nature ; ils apprendront, par cette considération merveilleuse, à se connaître eux-mêmes ; à s'apprécier à
leur juste prix, ainsi que la Terre, les royaumes, les
villes ; et à former, à ce sujet, des réflexions qui
valent mieux que tout le reste de la Géométrie.

« J'ai cru être obligé de faire cette longue disser-
tation, en faveur de ceux qui, ne comprenant pas
d'abord ces vérités, sont capables d'en être persuadés
ensuite. Et quoiqu'il y en ait plusieurs qui aient
assez de lumière pour s'en passer, il peut, néanmoins,
arriver que ce discours, qui sera nécessaire aux uns,
ne sera pas entièrement inutile aux autres. »

L'auteur de ces belles réflexions sur la Géométrie en
général, semble avoir écrit, il y a plus de deux siècles,
pour ceux de nos contemporains qui, séduits par les
poétiques envolées de l'auteur de l'*Astronomie populaire*, seraient portés, vu le nombre des étoiles du ciel,
à croire que *l'Univers, dans quelque direction qu'on
le considère, est vraiment infini dans tous les sens.*

VI

Entre deux abîmes.

Comme Leibniz et Bernoulli, Pascal s'est amusé à
comparer le Monde aux animaux microscopiques.

Après avoir montré combien nous sommes peu de chose dans l'Univers, il établit combien nous sommes grands par rapport à d'autres êtres, de sorte qu'il est fort difficile de distinguer si nous sommes infiniment petits ou infiniment grands.

Que l'homme, étant revenu à soi, après avoir considéré l'étendue des espaces, se regarde « comme égaré dans ce monde visible, canton détourné de la Nature, petit cachot où il se trouve logé. Mais, pour lui présenter un autre prodige aussi étonnant, qu'il recherche, dans ce qu'il connaît, les choses les plus délicates.

« Qu'un ciron, par exemple, lui offre dans la petitesse de son corps, des parties incomparablement plus petites, des jambes avec des jointures, des veines dans ces jambes, du sang dans ces veines, des humeurs dans ce sang, des gouttes dans ces humeurs, des vapeurs dans ces gouttes ; que, divisant encore ces dernières choses, il épuise ses forces et ses conceptions, et que le dernier objet où il peut arriver, soit maintenant celui de notre discours.

« Il pensera peut-être que c'est là l'extrême petitesse de la Nature. Je veux lui faire voir là-dedans un abîme nouveau. Je veux lui peindre non seulement l'Univers visible, mais encore tout ce qu'il est capable de concevoir de l'immensité de la Nature, dans l'enceinte de cet atome imperceptible.

« Qu'il y voie une infinité de Mondes, dont chacun a son firmament, ses planètes, sa Terre, en la même proportion que le Monde visible ; dans cette Terre, des animaux, et enfin des cirons, dans lesquels il retrouvera ce que les premiers ont donné, trouvant encore dans les autres la même chose, sans fin et sans repos.

« Qu'il se perde dans ces merveilles aussi étonnantes par leur petitesse que les autres par leur étendue. Car qui n'admirera que notre corps, qui tantôt n'était pas perceptible dans l'Univers, imperceptible lui-même dans le sein du tout, soit maintenant un colosse, un monde, ou plutôt un tout, à l'égard de la dernière petitesse où l'on ne peut arriver (1) ? »

Ce n'est pas là seulement de l'imagination. Quoique, dans leurs aperçus, ils aillent parfois bien plus loin que les poètes, dont la faculté d'invention est vite dépassée par les merveilles de la Nature, les mathématiciens dans leurs raisonnements ne s'écartent jamais de la plus absolue rigueur.

Si l'on en croit plusieurs savants modernes, le nombre de molécules contenues dans un millimètre cube d'eau, serait à peine exprimé par l'unité suivie de vingt zéros ! Dans un espace aussi restreint, il y en a plus de 100.000.000.000.000.000.000 (cent quintillions), c'est-à-dire plus de cent milliards de milliards. Leur nombre par conséquent l'emporte de beaucoup sur celui des étoiles du ciel.

Supposons maintenant que chacune de ces molécules est une constellation sidérale, le millimètre cube d'eau devient aussitôt plus vaste que le ciel physique, dont nos plus puissants télescopes ont peine à sonder les profondeurs.

(1) Pascal : *Pensées*. Grandeur de l'homme.

Au contraire, songeons, comme c'est vrai, que chaque Soleil est un atome dans l'espace, et ce ciel que la lumière met des milliers de siècles à traverser, se rapetisse subitement au-dessous des dimensions, presque imperceptibles, d'une minuscule goutte d'eau.

Tout est relatif dans le Monde, et tout dépend du point de vue. Où est le grand, où est le petit ? qui le sait ? Ce qui est certain, c'est que *l'infini est en dehors du Monde*, car le Monde, qu'il soit goutte d'eau ou incommensurable Univers, est essentiellement déterminé.

Écoutons encore le sublime penseur qui a si profondément scruté les abîmes de l'infini : « Si quelques-uns trouvent étrange qu'un petit espace ait autant de parties qu'un grand, qu'ils entendent aussi qu'elles sont plus petites à mesure. Qu'ils regardent le firmament au travers d'un petit verre, pour se familiariser avec cette connaissance, en voyant chaque partie du ciel en chaque partie du verre.

« Mais, s'ils ne peuvent comprendre ensuite que des parties si petites, qu'elles nous sont imperceptibles, puissent être autant divisées que le firmament, il n'y a pas de meilleur remède que de les leur faire regarder avec des lunettes qui grossissent une pointe délicate, jusqu'à une prodigieuse masse. D'où ils concevront aisément que, par le secours d'un autre verre encore plus artistement taillé, on pourrait grossir ces petites parties, jusqu'à égaler ce firmament dont ils admirent l'étendue. Et ainsi, ces objets leur paraissant maintenant très facilement divisibles, qu'ils se souviennent que la Nature peut infiniment plus que l'art.

« Car, enfin, qui les a assurés que ces verres auront changé la grandeur naturelle de ces objets, ou s'ils auront au contraire rétabli la véritable, que la figure de notre œil avait changée et raccourcie, comme font les lunettes qui amoindrissent? Il est fâcheux de s'arrêter à ces bagatelles ; *mais il y a des temps de niaiser* (1). »

Par cette dernière phrase, Pascal s'excuse de démontrer si longuement des choses qui lui paraissent si évidentes. Il le fait néanmoins, parce que des hommes s'étaient mis en tête de les nier.

C'est notre excuse également. Nous n'aurions pas employé ces pages à établir que l'Univers n'est pas infini, si des livres d'apparence scientifique, répandus à profusion par de soi-disant savants, n'avaient pour but de battre en brèche cette incontestable vérité.

C'est parce que les semeurs d'ivraie propagent tant de colossales erreurs dans les masses populaires, qu'il « y a des temps de niaiser, » quoiqu'il soit assurément bien « fâcheux de s'arrêter à ces bagatelles ».

Par un raisonnement des plus simples (2), on prouve facilement que si l'on voulait compter les atomes chimiques existant dans la tête d'une épingle, il faudrait *plus de deux cent millions d'années*, à la condition d'en détacher, par la pensée du moins, *un*

(1) *Réflexions sur la Géométrie en général.*
(2) Voir notre Ouvrage *Astronomie et Théologie*, p. 404. (Delhomme et Briguet, 83, rue de Rennes, Paris).

milliard par seconde. De pareils résultats paraissent tout simplement fantastiques : on les dirait produits par le travail d'une imagination dévergondée : il n'en est rien cependant.

Les atomes contenus dans une goutte d'eau sont en si grande quantité, qu'ils égaleraient le nombre de grains de sable renfermés dans le bassin des mers, en supposant qu'il couvrît la moitié de la surface terrestre, avec une profondeur de 500 mètres en moyenne.

Si l'on voulait transporter tout ce sable avec des wagons de chemin de fer, qui enlèveraient sans interruption 10 mètres cubes, ou 10 milliards de grains de sable par seconde, il faudrait plus de deux millions d'années (1).

Les atomes, en nombre si prodigieux, dont se compose un fragment d'épingle, sont séparés entre eux par des distances égalant à peine un cent-millionième de millimètre. Elles sont, néanmoins, relativement proportionnelles à celles qui séparent les étoiles.

Entre ces atomes chimiques, évoluent à l'aise les particules d'éther, infiniment plus petites, dont le mouvement ondulatoire forme les phénomènes de la pesanteur, de la lumière, de l'électricité et du magnétisme.

Nous pouvons donc sur ces atomes isolés dans l'espace, comme les astres, supposer des montagnes et des habitants. Si quelques-uns étaient raison-

---

(1) Cf. Gaudin, calculateur du Bureau des Longitudes et lauréat de l'Académie des Sciences. *L'Architecture du monde des atomes.*

nables et munis d'instruments d'optique adaptés à
leur taille et à leurs yeux, ils auraient beau les
braquer dans toutes les directions de leur firmament :
de tous les côtés, ils apercevraient des légions d'astres
aussi gros que leur petit globe, formant des constellations atomiques et gravitant sur leur tête.

S'ils essayaient d'en supputer le nombre, ils les
compteraient par centaines de mille, par millions, par
centaines de millions, par milliards. Grâce à leur
Algèbre, ils calculeraient peut-être quelques-unes de
ces minuscules orbites, et, quoique séparés des autres
atomes par des abîmes infranchissables, ils pèseraient
quelques-uns de ces globules, comme nous pesons,
nous-mêmes, les astres.

A mesure que leurs micro-télescopes seraient per-
fectionnés, ils découvriraient de nouveaux Univers.
Ils en concluraient, par une induction légitime, que la
Création s'étend bien plus loin que ne porteront, peut-
être jamais, leurs lunettes.

Alors, peut-être, quelqu'un de leurs poètes, habitué
à la rêverie, mais dont la puissance d'invention se
sentirait écrasée par cette minuscule immensité, car,
selon le mot de Pascal, « son imagination se lasserait
plutôt de concevoir que la Nature de fournir, »
s'écrierait dans son enthousiasme, comme nos
romanciers astronomes :

« Suis-je aux confins de l'Univers visible ?... Voici
des immensités noires qu'il faut franchir... Mais, là-
bas, de nouvelles étoiles s'allument au fond des cieux !
A cheval sur un rayon de lumière, élançons-nous

vers elles... Le centre est partout et la circonférence nulle part.

« C'est l'infini !... l'infini dans tous les sens ; ni haut, ni bas, ni gauche, ni droite !... L'infini ! l'infini !

« Salut, ô divine Nature, mère éternellement jeune, douce compagne de nos joies, confidente intime de nos cœurs ! Tu es partout la même : ta beauté illumine l'Univers, et nous aimons à laisser reposer sur ton sein l'essor palpitant de nos pensées. Toi seule es mon Dieu, car c'est toi qui es l'infini !... l'infini !... »

Cet enthousiasme tomberait à vide. On pourrait répondre à ce visionnaire : « Pardon, mon pauvre petit *atomicole*, vous vous trompez étrangement ! Ce que vous adorez n'est point Dieu, et ce que vous voyez n'est point l'infini. Ce n'est pas même une épingle ; ce n'est qu'un de ses fragments !...

« Quant à savoir ce qu'est une épingle ; si elle est plus longue que large ; si elle est carrée ou ronde ; si, d'un côté, elle est pointue, et, de l'autre, renflée ; quel est son usage ; qui l'a faite, et qui s'en sert ; quelle place tiennent dans le Monde ceux qui la soulèvent comme un fétu de paille, et qui la transportent à leur fantaisie avec ses millions de milliards d'atomes, c'est ce à quoi, mon pauvre petit, vous n'arriverez jamais, malgré vos lunettes et votre imagination. »

CHAPITRE V

I

L'Univers a-t-il eu un commencement et aura-t-il une fin ?

Il y a bien des moyens de montrer clairement que le nombre infini ne saurait exister. Ce nombre devrait être à la fois pair et impair, ce qui est impossible ; il devrait, en outre, être aussi grand que son propre carré, son cube, sa quatrième puissance, etc. Il devrait, enfin, ne plus pouvoir grandir, étant infini : or, à tout nombre, quel qu'il soit, on peut ajouter une unité ; puis, encore une, et ainsi de suite indéfiniment.

Le nombre infini est donc une absurdité flagrante, et une pure impossibilité. La simple Arithmétique élémentaire le proclame d'une façon incontestable (1).

Ces considérations suffiraient à prouver péremptoirement que le nombre des astres ne peut en aucune manière être infini. L'Univers n'est donc pas infini en étendue ; mais l'est-il en durée ? Le Monde a-t-il eu un commencement ?

(1) R. P. Secchi. *Les Étoiles.* 3me édition, Paris, 1895. 2° vol. *in fine.* Le savant astronome du Collège romain invoque, à ce propos, l'autorité de notre grand mathématicien Cauchy.

Pour expliquer l'origine des choses, l'Astronomie a risqué une hypothèse : celle de la nébuleuse primitive, dont les fractionnements successifs auraient produit les multiples systèmes solaires ou stellaires qui peuplent les espaces.

Quoique née d'hier, elle est déjà bien vieillie, cette hypothèse cosmogonique de Laplace. A diverses reprises, elle a été attaquée, modifiée et remaniée de fond en comble par des hommes de la plus haute valeur. Parmi ceux-là, citons, en particulier, MM. Faye, Wolf et du Ligondès.

Le mouvement rétrograde des planètes extérieures constitue contre elle une très forte objection que Laplace n'avait pas prévue. Pour ce motif et quelques autres de ce genre, M. Wolf, de l'Institut de France, a pu écrire dans un volume qui a fait sensation : « L'hypothèse cosmogonique nébulaire, que les ouvrages de vulgarisation ont le tort de présenter trop souvent comme une donnée acquise et fondamentale de l'Astronomie, se réduit, en définitive, à des conjectures auxquelles nous ne pouvons donner aujourd'hui aucune base absolument sérieuse (1). »

A peu près à la même époque, le savant M. Faye ne craignait pas d'affirmer, dans une séance de l'Académie des Sciences de Paris, que, de cette fameuse hypothèse, il ne restait plus qu'un seul point inébranlable. Depuis lors, le travail de démolition a continué. On est à se demander, non sans

(1) C. Wolf. *Les Hypothèses cosmogoniques.* Paris, 1886. Préface, p. VIII.

quelque inquiétude, s'il en respectera les derniers débris.

Mais puisque, jusqu'à présent, l'idée maîtresse demeure encore, admettons, si on le désire, que toutes les planètes aient commencé à l'état gazeux, aient eu une période stellaire pendant laquelle elles brillaient comme des Soleils ; puis, se soient éteintes, refroidies et recouvertes d'une couche solide, après s'être successivement détachées de l'immense nébuleuse, par l'effet même de leur rotation.

En est-on plus avancé au sujet du problème de l'origine des choses ? Pour avoir reculé la difficulté, l'a-t-on résolue ?

Ce mouvement de la nébuleuse est-il éternel, ou ne l'est-il point ? toute la question est là. Qu'il ait commencé il y a dix mille ans, ou dix milliards d'années, peu importe : dès qu'on lui reconnaît un commencement, il faut en rechercher la cause.

Si le mouvement des corps célestes n'avait jamais commencé, le nombre des révolutions accomplies par eux serait en ce moment infini, et il ne pourrait plus augmenter ; or, il augmente, chaque année et chaque jour, comme c'est incontestable ; donc il n'est pas infini ; donc il y a eu une première révolution ; donc, il y a eu un moment où le Soleil, la Terre, les planètes, les étoiles et tous les astres du firmament ont été lancés dans leur orbite par une cause supérieure.

Puis, si les mouvements célestes n'avaient jamais commencé, tous les Soleils de l'Univers seraient depuis longtemps éteints. Partout régnerait la nuit universelle.

Quel que soit, en effet, le nombre d'années mesurant la vie d'un astre ; quelle que soit la somme des siècles nécessaires à une planète, comme la Terre, pour passer de l'état lumineux à l'état glacé, semblable à celui dans lequel nous voyons notre satellite ; quelque longue que soit la période après laquelle une étoile comme notre Soleil est complètement refroidie et disparaît dans la nuit; cette période, exigeât-elle des milliards de siècles, devrait être évidemment terminée.

Ces milliards de siècles sont, depuis une éternité entière, engloutis dans les abîmes du passé !

Depuis une éternité, notre Soleil serait donc froid et obscur ; car, si sa vie peut durer seulement des milliards de siècles, ces milliards de siècles sont écoulés, puisque la nébuleuse qui, par sa rotation, lui donna naissance, tourne depuis un laps de temps autrement considérable, son mouvement, par hypothèse, n'ayant pas eu de commencement.

La plus sévère logique nous le démontre donc en toute rigueur : notre Soleil, depuis des milliards de siècles, devrait être complètement éteint. Or, il brille, personne ne le conteste : il faut donc absolument que le mouvement de la nébuleuse primordiale ait commencé.

Le même raisonnement s'applique évidemment aux étoiles et à tous les astres de l'Univers.

II

Les Mondes célestes peuvent-ils mourir et ressusciter indéfiniment ?

On ne gagnerait rien à prétendre que, si les Soleils

sont destinés à s'éteindre un jour, ils peuvent se rallumer pour s'éteindre encore, se rallumer de nouveau, et ainsi de suite indéfiniment.

Des évolutionnistes exagérés ont accordé bénévolement à cette nébuleuse, dont ils essayent de tirer toutes choses, la faculté merveilleuse de se faire et de se défaire pour se refaire encore.

En vertu même des lois de la Mécanique, assurent-ils, elle passerait ainsi alternativement par des phases successives et ininterrompues d'intégrations et de désintégrations. Elle imiterait l'océan, qui se construit de nouveaux rivages avec les falaises émiettées par le choc des lames en furie.

Pour étayer cette théorie séduisante et si commode, quand on tente d'écarter Dieu, ils ont invoqué le grand principe de la transformation du mouvement en chaleur, et de la chaleur en mouvement.

D'après eux, quand les astres seront refroidis, ils finiront par se précipiter les uns sur les autres. Leur choc aura pour effet inévitable de transformer aussitôt en nébuleuse incandescente les fragments de l'ancienne machine du Monde, usée et détraquée. De là sortiront de nouveaux Soleils, et, par conséquent, de nouvelles planètes.

Malheureusement, cette hypothèse est absolument antiscientifique : les progrès les plus récents de la Science contemporaine l'ont démontré avec une impitoyable rigueur.

Tout mouvement subitement arrêté se transforme bien en chaleur ; mais la réciproque n'est point vraie :

toute chaleur ne produit pas du mouvement visible.

Quand, par exemple, un marteau frappe violemment une enclume, l'un et l'autre s'échauffent ; c'est hors de doute, et l'explication de ce phénomène est facile. Mais supposons ces deux objets en contact et au repos, l'un sur l'autre ; on aura beau les chauffer, ils ne se sépareront pas, et le marteau ne se relèvera pas de lui-même, jusqu'à la hauteur d'où il était précédemment tombé.

Frottez deux morceaux de bois l'un contre l'autre, vous finirez par les enflammer, si votre force musculaire est suffisante ; mais, au contraire, commencez par y mettre le feu, vous ne les verrez point, pour cela, se promener côte à côte.

On pourrait, à l'envi, multiplier ces exemples ; mais ce n'est pas nécessaire pour établir clairement le mal fondé des prétentions des évolutionnistes, portés, pour les besoins de la cause, à trop généraliser : pour que la *réversibilité* des énergies s'opère, il faut un ensemble de circonstances qui ne se réalisent pas toujours en pratique.

Se réaliseront-elles quand les Mondes actuels auront pris fin ?

Le calcul, plus encore que l'expérience, prouve que dans les phénomènes de la Nature, l'énergie visible (mouvement) a infiniment plus de chances de se diviser en énergie vibratoire (chaleur) que celle-ci n'en a de se concentrer en énergie visible.

Afin de s'en convaincre, il suffit de considérer le rayonnement incessant du Soleil et des Étoiles, qui lancent dans toutes les directions, à travers les profondeurs des espaces célestes, une prodigieuse quantité de rayons lumineux, calorifiques, chimiques, etc.

Pour ne parler ici que de notre propre système, sait-on ce que les astres gravitant autour de notre Soleil (planètes et satellites) interceptent, au passage, de son immense provision d'énergie répandue de toutes parts avec tant de prodigalité ?

On l'a évalué à un rayon à peine sur soixante millions: tout le reste se disperse dans l'espace.

A quoi servent les cinquante-neuf millions neuf cent quatre-vingt-dix-neuf mille neuf cent quatre-vingt-dix-neuf autres rayons ?... Pourrait-on affirmer qu'ils ne sont pas irrévocablement perdus, et sans profit aucun ?

Ne paraissent-ils pas condamnés à s'éteindre au loin, à des distances incommensurables, dans les derniers ébranlements de l'éther cosmique, comme les rides circulaires produites à la surface de l'eau par la chute d'un objet quelconque, et qui vont en s'élargissant et en s'atténuant peu à peu ?

L'énergie vibratoire de notre Soleil est donc en voie de diminution incessante. Voilà un fait incontestable. Est-il aussi certain que les planètes, en se précipitant sur lui, un jour, lui rendront la lumière et la chaleur perdues ?

Les progrès de la Mécanique céleste, nous l'avons dit plus haut, ont démontré d'une façon péremptoire la stabilité du système planétaire. Cet admirable mécanisme paraît constitué de façon à durer indéfiniment ; car, si le Soleil, pour resplendir, dépense énormément d'énergie, le Monde, pour durer, n'en dépense absolument pas, vu l'inertie de la matière, qui conserve fidèlement le mouvement reçu (1). Les perturbations ne vont pas au delà d'une certaine limite très restreinte, après laquelle elles diminuent et se compensent l'une l'autre, par une série d'oscillations.

Les planètes ne pourraient tomber sur le Soleil que si la force d'attraction qui les sollicite vers lui, en arrivait à dominer la force centrifuge qui les emporte le long de leur orbite, et les pousserait, si elle était seule, à s'échapper par la tangente.

Leur chute serait donc déterminée par un ralentissement dans leur mouvement de translation.

Quelle en serait la cause ?

On ne saurait en imaginer d'autre que la résistance du milieu dans lequel sont plongés les corps célestes, et au sein duquel ils évoluent. L'air atmosphérique, nul ne l'ignore, oppose une résistance appréciable aux mobiles qui le traversent avec plus ou moins de rapidité. En est-il de même de l'éther interplanétaire ?

Un très grand nombre d'astronomes, et des plus éminents, l'ont formellement nié. Ils donnent à l'appui de leur assertion des arguments bien propres à convaincre.

Pour peu que l'éther fût une matière résistante, les effets de cette résistance sur le mouvement des corps célestes seraient, après plusieurs siècles, très sensibles ; la forme des comètes en serait aussi considérablement altérée, car leur course est parfois

(1) Cf. Faye, de l'Inst. *Sur l'Origine du Monde.* 4ᵉ Partie, Ch. **XV**

extrêmement rapide, et leur densité est si faible qu'on peut apercevoir, à travers leur queue ou leur noyau, même les étoiles de sixième et de septième grandeur.

Or, depuis les temps historiques, la valeur de l'année est identique, et la durée du jour n'a pas varié d'un centième de seconde, l'Analyse nous le démontre (1). En outre, la persistance de la forme des comètes semble prouver incontestablement qu'il n'y a pas de milieu résistant dans l'espace (2).

Dans l'impossibilité de concevoir une matière qui ne serait pas résistante, ce qui semble contradictoire à certains esprits, quelques-uns ont préféré dire que l'éther en soi était résistant, comme toute matière. Seulement le milieu éthéré que traversent les planètes est une matière tellement raréfiée, que des milliers d'années ne suffisent pas à rendre sensible la résistance qu'elle oppose au mouvement des corps célestes (3).

Cette résistance est donc très problématique, et, si elle existe, elle est minime.

Par suite, quand le Soleil sera éteint, ou bien les planètes continueront à circuler autour de lui, dans les ténèbres d'une nuit profonde ; ou bien, si elles arrivent à se rapprocher de lui et à l'aborder, ce ne sera que par un rétrécissement de leur orbite opéré graduellement et avec une excessive lenteur.

(1) Laplace. *Exposition du système du Monde.* 6ᵉ édition, p. 249.
(2) *Comptes-rendus de l'Académie des Sciences*, 18 nov. 1889. Voir aussi: *Astronomie de l'Ecole Polytechnique*, Vol. II, Liv. III, Ch. XII.
(3) M. C. Wolf, de l'Institut, astronome de l'Observatoire. *Les Hypothèses cosmogoniques*, page 97. Paris, 1886.

Dans le premier cas, c'est la mort absolue du système solaire ; dans le second, c'est, si l'on veut, la possibilité d'une reconstitution, mais fort incomplète.

Écoutons les réflexions très judicieuses faites, à ce propos, par un homme d'une haute culture scientifique. « La conception hardie et brillante de Kant, qui a pu séduire à une époque, ne saurait donc plus aujourd'hui être soutenue sérieusement, quoiqu'elle ait été reprise par certains auteurs. Si les diverses parties du système solaire étaient effectivement précipitées, un jour, les unes sur les autres, comme l'imaginait le penseur allemand, par suite de la résistance du milieu éthéré, ou pour toute autre cause, elles seraient incapables de régénérer, à l'aide de ce choc, la chaleur primitivement incorporée dans la nébuleuse, et de fournir les éléments d'une nouvelle condensation équivalente à l'ancienne.

« Non seulement les astres arriveraient au contact après avoir perdu, par leur frottement contre le milieu, une notable portion de leur force vive, mais l'énergie calorifique ou lumineuse serait, à ce moment, singulièrement affaiblie. Pour ce double motif, la nébuleuse reconstituée serait à une température beaucoup moins élevée ; les nouveaux astres posséderaient des mouvements fort inférieurs, en vitesse et en amplitude, à ceux des astres actuels.

« Si de notre système nous passons aux divers Mondes qui composent l'Univers, nous arrivons à des conclusions analogues...

« Le principe de l'invariabilité de l'énergie est donc une conception plutôt métaphysique que scientifique. L'étude impartiale de la Nature ne l'autorise pas... Constaté dans une période bornée de l'histoire, il devient de moins en moins certain, à mesure qu'on embrasse les grandes périodes de la Cosmogonie. L'état véritable semble être la déperdition, causée soit par la résistance du milieu éthéré, soit surtout par l'entretien de ces myriades de flambeaux qui illuminent le ciel. L'Univers n'échapperait donc pas à la loi ordinaire : il ne vivrait qu'en consommant de la force et en marchant vers l'épuisement final. Tel est, du moins, le dénouement que la Science laisse entrevoir, et elle interdit l'affirmation contraire.

« C'est une déception pour l'esprit, il ne faut pas se le dissimuler, que cet ébranlement d'un principe si conforme à nos aspirations naturelles.

« Nous aimons à nous reposer dans le stable et le permanent. Dès que la conservation de la masse nous a été annoncée par les chimistes, dès qu'ils nous ont attesté sa résistance invincible à toute destruction, nous avons éprouvé une réelle satisfaction philosophique. Pour la même raison, nous avions enregistré avec empressement les grandes lois du mouvement, marquées au caractère de la pérennité, et celle de la gravitation universelle, qui paraît également défier les atteintes du temps.

« Il nous plairait aussi de considérer l'Univers comme un immense réservoir de forces, dans lequel tout s'absorbe et se renouvelle, et qui garderait indéfiniment en soi la capacité de durer. Mais les récentes découvertes doivent mettre en garde contre cette opinion, et commandent une grande réserve. L'énergie n'augmente pas : par ce côté elle est bien invariable ; mais elle diminue et accompagne le temps dans son écoulement irrésistible (1). »

Cet aveu sur de telles lèvres est à retenir. M. de Freycinet, mathématicien d'un vrai mérite, ne le fait qu'à son cœur défendant ; c'est visible, et la chose semble lui coûter beaucoup. Toutefois, l'évidence de la vérité lui arrache cette pénible confession.

C'est donc scientifiquement démontré : l'Univers doit finir. Ses reconstitutions seront de moins en moins parfaites, en supposant qu'elles s'opèrent, ce qui est très peu vraisemblable.

Il en sera d'elles, si elles se produisent, comme des bonds d'une balle élastique, ou des oscillations d'un pendule, diminuant peu à peu d'amplitude, et finissant par aboutir à l'équilibre stable et au repos complet.

Alors le Monde aura dépensé toute la provision d'énergie qu'une Cause supérieure y avait accumulée à l'origine.

Mais si l'Univers doit finir, il a dû nécessairement commencer. Malgré ses reconstitutions partielles, il

(1) C. de Freycinet, de l'Institut. *Essais sur la Philosophie des Sciences : Analyse et Mécanique.* Paris, 1896. 2ᵉ Partie, Chapitre VII. Voir aussi Hirn, *La Vie future et la Science moderne* ; Clausius, *Revue des Cours scientifiques,* février 1868 ; Faye, *Sur l'Origine du Monde,* 4ᵉ Partie, Chapitre XV ; R. P. Carbonnelle, *Les Confins de la Science et de la Philosophie.* Chapitre VI, etc.

serait arrivé depuis longtemps à sa totale extinction, s'il n'avait pas eu de commencement.

Cette énergie reçue d'une source supérieure à lui-même, serait, depuis une série illimitée de siècles, disons mieux, depuis une éternité, dispersée dans les abîmes de l'espace, où elle s'enfonce incessamment, sans espérance de retour.

III

Quel est l'âge actuel de l'Univers, selon la Science ?

Puisque les Mondes, même dans leur ensemble, ne sont pas éternels, à quelle époque leur naissance remonte-t-elle ?

Sur ce point la Science hésite ; elle ne répond que par des *à peu près*. Pour être simplement approximatif, cependant, son enseignement est digne encore d'attention.

Il y a un moyen de connaître, si ce n'est l'âge absolu, du moins l'âge relatif des étoiles : celui-ci se révèle, en effet, dans la couleur de leurs rayons lumineux.

Si différentes par leur grandeur et leur éclat, les étoiles ne varient pas moins dans leur coloration. Généralement on les suppose blanches ; mais un examen plus sérieux en fait découvrir de jaunes, d'orangées et de rouges.

Même celles qu'on avait d'abord cru blanches, paraissent ensuite, assez souvent, bleuâtres. De cette teinte on passe au vert, par degrés insensibles ; puis, au jaune, à l'orangé et au rouge sombre.

En ces dernières années, on s'est livré à de longues études à ce propos : elles ont eu pour résultat de perfectionner considérablement cette branche si intéressante de l'Astronomie sidérale. Le R. P. Secchi, directeur de l'Observatoire romain, s'y est particulièrement signalé, et les astronomes ont adopté la classification des étoiles, telle qu'il l'a proposée après ses patients travaux.

D'ailleurs, il est plus difficile qu'on ne le pense, de bien juger de la couleur des étoiles. Beaucoup de gens sont affectés de daltonisme, sans le savoir ; les instruments sans défauts sont chose assez rare ; puis, il faut compter avec l'état plus ou moins pur de l'atmosphère, le voisinage des grands centres de population, etc., etc., autant de causes aptes à engendrer des erreurs dans des opérations aussi délicates.

Heureusement la découverte de l'Analyse spectrale est venue faciliter la tâche, et donner aux recherches un caractère étonnant de précision. En effet, tandis que les étoiles sont extrêmement nombreuses, leurs spectres lumineux se réduisent à un petit nombre de formes bien définies.

Cette propriété a servi à les classifier, et à les distribuer en quatre types distincts (1).

Le premier type est celui des étoiles blanches, ou bleuâtres, comme Sirius, Véga, Régulus, Castor, etc.

Entourées d'une atmosphère très dense d'hydro-

____

(1) R. P. Secchi. *Les Étoiles.* Vol. I, 2ᵉ Partie, Paris, 1895.

gène, elles sont soumises à une très haute température, et paraissent n'avoir rien perdu encore de
leur éclat primitif. Elles sont aussi, de beaucoup,
les plus nombreuses, car elles comprennent plus de
la moitié des étoiles du ciel, soit, à peu près, les
60 pour 100.

Le second type est celui des étoiles jaunes, comme
Capella, Arcturus, Aldébaran, etc.

La température y est moins élevée, car leur lumière
ayant commencé à jaunir, indique chez elles une
altération déjà sensible. Notre Soleil, qui nous paraît
si resplendissant, appartient à cette catégorie. Ces
étoiles sont aussi très nombreuses, et, avec celles de
la classe suivante, qui est la continuation de celle-ci,
e les forment les 35 centièmes du nombre total.

Le troisième type est celui des étoiles orangées,
comme Antarès, par exemple, et quelques-unes de
la constellation d'Orion.

Beaucoup d'auteurs les rangent avec les précédentes, dont elles ne se distinguent que par des nuances
quelquefois insensibles. Mais l'hydrogène y devient de
plus en plus rare ; la température y baisse de plus en
plus, et il y a déjà un commencement d'oxydation.

Le quatrième type, enfin, est celui des étoiles
rouges, depuis le rouge clair jusqu'au rouge sombre.

Celles-ci sont, pour la plupart, très petites : la plus
brillante d'entre elles (dans la constellation de la
Vierge) atteint à peine la cinquième grandeur.
L'oxydation y est très avancée, et, par conséquent,
elles se trouvent à une basse température.

Comme elles sont toutes très variables d'éclat, on en a conclu que leur surface n'est pas homogène. En plusieurs endroits déjà, elles sont revêtues d'une écorce solide et opaque. Ces fragments déjà figés sont comme des îles, ou des continents obscurs, sur des océans de feu.

En tournant sur elles-mêmes, elles nous présentent successivement leurs parties brillantes et leurs parties sombres. On explique ainsi leurs étonnantes et périodiques variations d'éclat, parfois si considérables.

Quelquefois aussi se produisent en elles des accroissements subits de lumière, durant peu, et se renouvelant à des intervalles très irréguliers. Ils sont causés par des affaissements ou des déchirements des parties mal soudées encore. Leur effondrement met à nu l'océan incandescent qu'elles recouvraient.

Il en résulte une colossale éruption : l'éclat de l'astre augmente rapidement pour diminuer de même; mais ce n'est là qu'une vie apparente; ce sont les soubresauts de l'agonie; les dernières lueurs vacillantes d'une lampe sur le point de s'éteindre à jamais.

Chose remarquable, chacun de ces types domine de préférence dans certaines régions du ciel. Sans aucun doute, ces coïncidences ne sont pas fortuites: elles doivent être la conséquence naturelle de la distribution primitive de la matière dans l'espace.

Ainsi les constellations de la Grande Ourse, des Pléiades, des Hyades, du Taureau, de la Lyre, etc., présentent plus d'étoiles du premier type. C'est le contraire dans les constellations de Céphée, du Dragon, de l'Hydre, de la Baleine, de l'Éridan, etc. Les étoiles jaunes y abondent.

Orion paraît former une sorte de transition entre ces deux genres, car, à côté de beaucoup d'étoiles du premier type, blanches et bleuâtres, s'en trouvent d'autres à couleur verte.

Ces catégories d'étoiles correspondent évidemment à des phases diverses de refroidissement. Dans celles des deux premiers types où la température est plus élevée, l'hydrogène est libre et forme d'épaisses atmosphères; mais, il disparaît de plus en plus, dans les autres, en s'engageant dans de multiples combinaisons.

Les étoiles rouges et variables, entrées franchement dans la période d'extinction, astres vieillis et mourants, moitié planètes et moitié soleils, en proie aux dernières convulsions de l'agonie, constituent une infime minorité, car elles ne sont que les cinq centièmes du nombre total.

On ne saurait manquer d'être frappé de l'énorme disproportion qui existe, sous ce rapport, entre elles et les étoiles en pleine activité, ou ayant subi un léger déclin dans leur splendeur.

Les étoiles n'étant pas de grandeurs égales ont dû assurément traverser leurs phases successives en des laps de temps fort divers. On comprend facilement que les plus petites se soient refroidies plus tôt. Cependant les différences de leurs masses respectives ne suffisent pas à expliquer comment il n'y a que 5 étoiles rouges pour 95 blanches ou jaunâtres.

Si elles étaient nées, les unes après les autres, à des intervalles fort éloignés, nous aurions très probablement une autre répartition des couleurs. Chaque catégorie serait à peu près également riche, car il y aurait presque un nombre égal d'étoiles en formation, en pleine activité et en décroissance.

Comme il n'en est pas ainsi, il faut conclure que les astres visibles sont sensiblement contemporains l'un de l'autre. Leur naissance remonte à la même époque, en prenant, bien entendu, ce mot dans un sens très large. Ils ne sont donc pas le résultat de créations successives échelonnées dans la série illimitée des temps; mais ils sont tous sortis du même chaos initial (1).

Quant à déterminer le moment de leur apparition, il ne faut évidemment guère y songer. On en est réduit, à cet égard, à de simples approximations, fort élastiques.

Notre Soleil, qui n'est plus de la première jeunesse, puisque sa lumière a déjà commencé à pâlir, aurait eu, selon les calculs de W. Thomson, une provision d'énergie suffisante pour lui permettre de répandre, pendant dix-huit millions d'années, autant de chaleur et de lumière qu'il en fournit actuellement (2).

Ce chiffre représenterait la durée de sa vie astrale, si le rayonnement solaire, n'ayant jamais subi ni augmentation, ni diminution, fût resté toujours le même. Mais ceci est peu croyable.

(1) Cf. Faye, *Op. cit.* 4ᵉ Partie, Chap. XIII.
(2) Cf. Wolf, *Op. cit.* p. 29.

Dans sa période initiale, le Soleil devait avoir un pouvoir éclairant beaucoup plus faible, car il s'est formé peu à peu par la condensation graduelle de la nébuleuse.

Puis, sa lumière est devenue plus resplendissante, jusqu'à l'époque où il atteignit son maximum d'activité. La radiation solaire étai', alors, beaucoup plus intense qu'elle n'est en ce moment.

Dans la suite, il s'est produit en elle un déclin, puisque le Soleil, aujourd'hui jaunâtre, est passé dans la catégorie des étoiles du second type.

Quelle est la durée relative de ces diverses phases ? La période d'extinction ne sera-t-elle pas plus rapide que celle de l'accroissement ?

De ses calculs, M. Faye a conclu que le Soleil n'avait pu rayonner la chaleur et la lumière, avec l'intensité actuelle, que pendant quatorze millions et demi d'années (1).

Sa provision d'énergie serait donc, en très grande partie, déjà dépensée. Non seulement notre Soleil ne serait plus dans la première jeunesse, mais il serait arrivé presque aux limites de l'âge mûr, et près d'entrer dans la période de la vieillesse. Les pentes de la décrépitude sont souvent bien rapides. Du jaune, il passerait bientôt à l'orangé, puis au rouge. Dans quelques millions d'années, il serait probablement obscurci (2).

(1) *Op. cit.* 4ᵉ Partie, Chap XIV.
(2) La Géologie réclame un laps de temps bien plus considérable pour la formation de l'écorce terrestre. Seulement pour le dépôt des terrains de sédiment, qui n'en sont que la partie supérieure, elle demande au moins vingt millions d'années. Mais cela ne contredit point les chiffres précédents, car la phase stellaire d'un astre est bien plus courte que sa phase planétaire.

Quoi qu'il en soit, les dix-huit millions d'années prévus par W. Thomson, peuvent être acceptés comme une moyenne. Cette conclusion, en nous permettant de faire une remarque assez curieuse, nous rapproche de notre point de départ : le levier d'Archimède, dont les considérations précédentes semblent nous avoir un peu détourné.

Ces dix-huit millions d'années sont précisément la *cent-millième* partie des dix-huit milliards de siècles qu'il aurait fallu au géomètre de Syracuse, même avec son fameux levier, pour soulever la Terre, seulement d'un décimètre.

Parmi les obstacles insurmontables s'opposant à la réalisation de cette entreprise chimérique, il convenait donc de tenir compte aussi de l'envahissement de la nuit universelle.

Commencée à la lumière du Soleil, cette manœuvre n'aurait pu se continuer qu'à la pâle clarté des étoiles lointaines. Qui sait même si, avant son achèvement, la plupart d'entre elles n'auraient pas cessé de briller ?

Pour éclairer Archimède pendant toute son opération, la Nature, après l'extinction du Soleil, aurait dû complaisamment lui en fournir quatre-vingt-dix-neuf mille neuf cent quatre-vingt-dix-neuf autres.

Encore aurait-elle dû avoir le soin de les former successivement, afin que l'un brillât, lorsque l'autre serait éteint, et qu'il fût ainsi possible à toute cette armée de Soleils de se remplacer mutuellement, comme des lampes qu'un serviteur intelligent allume à mesure que d'autres sont épuisées.

CHAPITRE VI

I

Le Céleste Mécanicien.

Des considérations précédentes ressortent, avec la clarté de l'évidence et la rigueur des raisonnements mathématiques, les conclusions que tout esprit sincère doit logiquement en tirer.

Malgré le nombre incalculable de ses Mondes, malgré l'étendue prodigieuse de ses espaces, malgré la durée immense de ses révolutions sidérales, l'Univers n'est ni infini, ni éternel.

Puisqu'il a eu un commencement, il a certainement une Cause, et cette Cause est nécessairement en dehors de lui et au-dessus de lui.

Elle doit, en outre, le dépasser incomparablement en étendue, en durée, en puissance, en activité. Il ne nous sera pas difficile de nous en convaincre.

Nonobstant ses dimensions incommensurables pour nous, rien ne nous empêche, en effet, de concevoir, par la pensée, un Univers bien plus vaste que celui-ci.

Les créations nouvelles succéderaient-elles sans

interruption aux créations anciennes ; à chaque seconde d'une série illimitée de siècles, l'Univers deviendrait-il mille ou cent mille fois plus grand, qu'il ne l'était à la seconde précédente : malgré cette croissance extrêmement rapide suivant la série ordonnée des puissances numériques, il n'aurait jamais en soi la raison de son existence. Sa Cause serait alors, comme maintenant, toujours en dehors de lui et au-dessus de lui.

Cette Cause est donc, en elle-même, réellement infinie, puisqu'elle ne pourrait jamais être atteinte, et que l'Univers, avec sa possibilité intrinsèque de croître indéfiniment, serait toujours dépassé par l'Être inaccessible et mystérieux dont il serait l'effet. *Cet Être est donc infiniment grand.*

De même, supposons les révolutions sidérales incomparablement plus longues qu'elles ne le sont. Comptons-les, non pas seulement par milliards, mais par quintillions ou sextillions de siècles ; imaginons-en d'autres, aussi supérieures en durée à celles-ci, que celles-ci le sont aux précédentes, et ainsi de suite indéfiniment.

Ces périodes, susceptibles de croître sans cesse, ne sauraient néanmoins se concevoir, sans un commencement ni une fin : la Science, nous l'avons vu, le démontre péremptoirement. Donc l'Être, qui en est la cause, est antérieur à leur commencement, quelque loin qu'on le recule dans les profondeurs du passé ; il demeure également après leur fin, quelque lointaine qu'on la suppose dans les abîmes sans fond de l'avenir.

Or, comme ce commencement et cette fin peuvent indéfiniment s'écarter l'un de l'autre, et que, avant ce commencement et après cette fin, on retrouve inévitablement cet Être, cause de tout, il faut conclure en rigueur absolue que *cet Être non seulement est infini en grandeur, mais aussi en durée. Cet Être est donc éternel.*

D'autres corollaires non moins importants découlent de ces vérités scientifiquement établies.

De l'aveu même de Newton, l'immortel génie illustré par la découverte de la gravitation universelle, la force d'attraction, si elle agissait seule, ne suffirait pas à expliquer la forme elliptique des orbites décrites par les astres ; cette force unique, n'étant pas contrebalancée par une autre, ne tarderait pas à réunir en une seule masse tous les globes de l'Univers.

Newton supposait donc que tous les corps célestes, sans excepter la Terre, avaient reçu, dès l'origine, une impulsion en ligne droite. De cette impulsion première, combinée avec l'attraction s'exerçant en raison directe des masses et en raison inverse du carré des distances, résulte l'orbite elliptique parcourue par les planètes, comme l'enseigne Arago.

Or, ni l'attraction, ni l'impulsion ne sont des forces propres à la matière, présentée comme essentiellement inerte par tous les Traités de Mécanique. Cette Science a besoin, pour ses démonstrations, de supposer la matière dépourvue de toute activité, et capable seulement de recevoir et de transmettre les mouvements.

Enlevez ce grand principe de l'inertie de la matière, et vous détruisez la Science. Les savants en sont réduits à dire que les choses se passent comme s'il y avait attraction ; mais l'attraction elle-même leur paraît un non-sens.

Depuis Newton et Huygens jusqu'à notre époque, ils conviennent, en définitive, que cette attraction est une impulsion. Elle consisterait en une foule de mouvements reçus et communiqués par les particules éthérées du milieu interplanétaire, sur la nature duquel, pourtant, la Science ne sait rien, ou à peu près rien.

Ce milieu éthéré n'est pas lui-même la cause du mouvement ; il n'en est que l'organe de transmission. De toute nécessité, nous devons chercher en dehors de la matière, quelque éthérée qu'on l'imagine.

Cette Cause suprême est donc un Être *infini, non seulement en grandeur et en durée, mais aussi en immatérialité. C'est un esprit infiniment pur.*

Puis, comme la matière est essentiellement passive, c'est-à-dire apte à recevoir indéfiniment soit un accroissement d'étendue et de durée, soit un accroissement de mouvement, il faut admettre que cet Être est capable de donner sans limite, et que, *infiniment grand, éternel, et esprit pur, il est, en outre, infiniment actif, inépuisable et omnipotent.*

Mais ici, Archimède, après Newton, ou plutôt avant lui dans l'ordre des temps, vient nous aider à tirer des conclusions non moins capitales. Nous trouverons ainsi, à la fin de ce Traité, le grand géomètre de Syracuse, comme nous l'avons rencontré au commencement.

Fier de son levier, Archimède disait à Hiéron : « Donnez-moi un point d'appui, et je soulèverai le Monde. » Il lui fallait donc non seulement un levier, c'est-à-dire une force, ou un principe multiplicateur de la force, mais aussi et surtout un point d'appui.

Sans point d'appui, la force la plus considérable devient inutile, car elle se dissipe dans toutes les directions en pure perte ; ou mieux, elle reste improductive et inactive.

L'expérience la plus élémentaire suffit pour convaincre de cette incontestable vérité l'esprit le moins attentif.

Armez vous d'un levier et ne l'appuyez que sur le vide, vous ne soulèverez pas même un grain de sable, ni un atome. Ou plutôt, si vous arrivez à produire un effet quelconque, c'est que ce levier ne repose pas, en réalité, sur le vide, mais qu'il trouve un point de résistance en vous-même.

Selon une ingénieuse remarque de saint Augustin, les membres de notre corps sont pourvus d'articulations, sur lesquelles ils s'appuient, autour desquelles ils évoluent, et sans lesquelles tout mouvement leur deviendrait impossible.

Le doigt, par exemple, ne se meut qu'en s'appuyant sur la main, considérée comme point de résistance ; mais celle-ci n'est pas sans point d'appui ; elle le trouve dans le bras, à l'extrémité duquel elle s'agite ; le bras, à son tour, s'appuie sur l'épaule, ou le buste ; le buste sur les pieds, et les pieds sur le sol.

Peut-on avancer d'un seul pas, sans que l'un des deux pieds reste fixé à la terre pour soutenir le poids du corps entier ? Le second pied ne se lève, que lorsque le premier se pose et devient immobile (1).

L'oiseau ne volerait pas si les couches atmosphériques ne présentaient un point d'appui à ses ailes ; le poisson ne nagerait pas, si l'eau de la mer n'offrait aucune résistance à ses nageoires ; il faut un point d'appui à tout projectile, qu'il soit javelot, flèche, balle de fusil ou boulet de canon. Et plus l'impulsion doit être forte, plus le point de départ doit être affermi.

La Cause supérieure qui a mis les Mondes en mouvement, n'est donc pas seulement un Être infini en grandeur, en durée, en force et en spiritualité, c'est aussi un Être d'une *résistance infinie*.

C'est l'Être stable par excellence, l'Être dont rien ne parvient à troubler le majestueux repos. C'est le *Moteur immobile*, Celui qui meut toute chose, mais qui, lui-même, est immuable.

Plus étendu que les espaces sans limites ; plus durable que les siècles sans fin ; plus transparent que le cristal ; plus resplendissant que les Soleils dont le vif éclat est l'ombre de sa lumière ; plus insaisissable et plus intangible que l'éther interplanétaire et intercosmique, il est cependant plus résistant que le rocher et le granit des montagnes. Tous

______

(1) S. Augustin. *De Genesi ad litteram.* Libr. VIII, cap. XXI, 41.

les Mondes actuels et possibles, s'ils tombaient sur lui, ne l'ébranleraient pas : eux-mêmes se briseraient plutôt.

Car il est non seulement la force infinie et transcendante qui a poussé les astres dans l'espace ; il est aussi le point d'appui de cette force ; et ici, lorsqu'on dit le point d'appui, c'est par le plus étrange des abus de langage : ce point est l'Être immense.

Si, en tant que spirituel, il n'a ni longueur, ni largeur, ni hauteur, ni épaisseur ; comme base universelle de résistance, il est, en réalité, l'*Infini dans tous les sens, l'Infini dont le centre est partout et la circonférence nulle part.*

II

Conclusion.

Ainsi, comme autrefois saint Augustin, nous avons interrogé les cieux avec leurs innombrables Soleils, et nous leur avons demandé : « Êtes-vous l'Infini que je dois aimer ? *Interrogavi cœlum, solem et stellas : Hoc est quod amo, quum amo Deum meum ?* »

Et, par la voix de la Science la plus avancée et la plus rigoureuse, tous ces êtres, si nombreux, si grands et si beaux, ont répondu d'un commun accord, maintenant, comme au temps d'Augustin, car la vérité ne change pas : « Nous ne sommes pas l'Infini, ton Dieu, cherche au-dessus de nous ! *Non sumus Deus tuus : quære super nos !* »

Et nous avons posé une nouvelle question à cette multitude d'êtres qui nous entourent : « Vous m'avez avoué que vous n'êtes pas l'Infini, mon Dieu, dites-moi, du moins, quelque chose de Lui ! *Et dixi omnibus his quæ circumstant fores carnis meæ : Dixistis mihi de Deo meo, quod vos non estis; dicite mihi de illo aliquid !* »

Et tous, d'une voix unanime, dont la force remplissait les espaces, s'écrièrent en même temps : « L'Infini, ton Dieu, c'est Celui qui nous a faits. *Et exclamaverunt voce magna : Ipse fecit nos !* (1) »

Et pour opérer tant de merveilles, dont la moindre écrase les plus grands génies humains, depuis Archimède et Newton, jusqu'aux savants les plus illustres de tous les temps et de tous les pays ; pour créer tant de masses gigantesques et les lancer dans l'espace avec cette inimaginable vitesse qui subsiste pendant des myriades de siècles, Il n'a eu qu'un mot à dire, et un ordre à donner ; *dixit et facta sunt ; mandavit et creata sunt* (2).

Et quand, après des myriades de myriades de siècles, les cieux et les astres auront vieilli, Il les changera, comme on change un vêtement ; mais Il est, Lui, toujours jeune, toujours fort, toujours actif ; les siècles, en s'écoulant, ne Lui apportent aucune défaillance. *Cœli peribunt, tu autem permanes ; et omnes sicut vestimentum veterascent, et sicut opertorium mutabis eos et mutabuntur : tu autem idem ipse es, et anni tui non deficient* (3).

FIN

(1) *Confess.* Libr. X, cap. VI, n. 2, 3.
(2) Ps. 32, v. 9.
(3) Ps. 101. v. 27-29.

TABLE DES MATIÈRES

du Tome Deuxième

CHAPITRE IV

INFINI OU FINI ?

CHAPITRE V

ÉTERNEL OU TRANSITOIRE ?

CHAPITRE VI

« QUÆRE SUPER NOS ! CHERCHE AU-DESSUS DE NOUS. »

Paris. — Impr. des Orphelins-Apprentis d'Auteuil, D. Fontaine, 40, rue La Fontaine.

www.ingramcontent.com/pod-product-compliance
Lightning Source LLC
Chambersburg PA
CBHW061555080726
47597CB00004BA/1334